1972.
B. L.

# ORVS A.

## POLLO DE ÆGYPTE

de la signification des notes Hieroglyphiques des Aegyptiens, cest a dire des figures par les quelles ilz escripuoient leurs mysteres secretz, & les choses sainctes & diuines.

*Nouuellement traduict de grec en francoys & imprime auec les figures a chascun chapitre.*

## Auec Priuilege.

On les vend a Paris a la rue sainct Iacques a l'en

L eſt permis a Iaques Ker
uer Libraire iure en luni
uerſite de Paris faire im-
primer ᶒ uendre ce pre-
ſent liure ᶒ deffenſes a
tous aultres libraires ᶒ
Imprimeurs de nō impri-
mer ou faire imprimer le-
dict liure ſur telle ou aul-
tre quelconque copie Iuſques a ſix ans finis ᶒ acō
plis a cōpter du iour ᶒ datte de ceſte preſente im-
preſſion ſur peine de confiſcation deſdictz liures ᶒ
damende arbitraire faict le quinſieſme iour Docto-
bre mil cinq cens quarante ᶒ trois.

I. Morin.

Ous aues lecteurs Orus Apol
lo Niliacque ou Egyptiē des
hieroglyphes figures sainctes
par lesquelles les egyptiens
escripuoiēt les choses diuines
parlant maintenāt uostre lan
gue & nō sans cause le uous
presente mais affin que lon
congnoisse que les choses sainctes & diuines nont
iamais este communes ny publicques mais seullemēt
fiees & commises a certains personnages saiges &
discretz aussy ueoit lon communement & tousiours
aduiēt que les choses trop cognues & trop manife=
stes pardent leur reuerence & auctorite & a la fin
tūbent en despris & desestime . Si ie congnoys que
ce myen labeur uous soit agreable uous aures bien
tost le grec & le latin de ceste oeuure & aultres
choses ou uous prendres plaisir.

## Comment & par quelles figures ilz signi-
## fioient laage & les ans du temps.

Pour denoter & signifier laage & le cours du
temps ilz figuroient le soleil & la lune pource
quilz sont la reigle de compter & discerner le
téps Aultrement ilz paignoient vng serpét ap-
pelle Basilisque couurát sa eueue du reste de só
cors lesquelz ilz paignoiét dor & le mettoient a
létour de leurs dieux & la cause pour quoy il si

*Comment ilz signifient le*
*monde.*

Il paignoiēt vng serpent mengeant sa cueüe
diuersifice de plusieurs escailles qui represen̄tēt
les estoilles cest vne beste pesante comme la ter
re coulant cōme leau & qui chascun an despoil
le sa vielesse auec sa peau ainsi que le temps qui
chascun an se renouuelle & semble raieunir. Et

# ·ORVS·

*Comment ilz signifioient lan.*

Ilz paignoient la deeſſe Iſis & y a vne eſtoil
le que les Egyptiens appelloient Iſis Et en leur
langue Sothis en grec aſtromyon laquelle ſem-
ble dominer & auoir ſeigneurie ſur les eſtoilles
& appert aucuneſſoys peu luyſant aultres foys
pl° clere au leuer. dicelle on a acouſtume de pre
uoir & congnoiſtre les choſes a venir de lannee
enſuyuant] Parquoy non ſans raiſon ilz nomme

*Comment ilz signifioient les moys.*

Pour denoter les moys ilz paignoient vng ra
meau pour la cause dessudicte de la palme, ou la
lune reuersee pouree qlz dient que incontinét
apres le renouellemét de la lune il sen fault qui
ze parties quelle ne nous appere formee ayant
les cornes contremont . Quant elle est en con-
ioinction lors que nous disons quil nest point

*Comment ilz signifioient lan
ensuyuant.*

Hz figuroient la quarte partie dune espace de
champ dict aruum qui contient cent coubdees
car en leur langue ilz appellent lan quart pour
ce que ainsi quilz dient dun leuer de lestoille
appellee par eulx Sothis a lautre il y a distan-
ce de la quarte partie dung iour, & comme lan
du soleil soit de trois soixāte cinq iours, & vng

*Quelle chose ilz signifioient par laigle*

Quant ilz vouloient denoter dieu ou hau-
teur, ou depreſſion & baſſeſſe, ou excellēce, ou
ſang, ou victoire, ou Mars & ven⁹. Ilz paignoiēt
vng aigle ſignifiant Dieu pource que ceſt vng
oyſeau qui fort multiplie & vit longuemēt auſ-
ſi il ſemble y auoir quelque effigie & ſimilitude
du ſoleil pource ɋ ſeul entre tous les autres oy

luy par q nõ° voyõs elle denote haulteur pour
ce q̃ quãt elle veult mõter en hault elle ne prét
point son chemin de coste & a trauers cõme les
aultres mais volle droiɕt contremont . Bassesse
pource quelle font & descend de mesmes tout
droiɕt sans tournoyer comme font tous aultres
oyseaulx Excellence pource que en beaulte &
noblesse elle excede tous les aultres. Sang pour
ce quelle ne boit iamais eau mais sang Vi -
ɕtoire pource quelle vainɕt & surmonte tous
oyseaulx & que se trouuant au combat si elle se
sent & trouue foible elle se renuerse & meɕt les
piedz cõtremont & deuers le ciel & se deffend
de son ennemy lequel voyãt quil ne peult faire
le semblable se donne a fouyr.

*Comment ilz denotoient lame.*

Ilz mettoiết vne aigle pour l'interpretation
de son nom car les Egyptiếs appellent l'aigle Ba
ieth lequel diuife en deux fignifie lame & le
cueur Bai lame & eth le cueur les Egyptiens
dient que le cueur eft ce qui enuyronne etenue
louppe lame parquoy ce mot fignifie ame cor-
diale ou courageufe auffi que l'aigle en ce quelle
ne boit que fang eft de la nature de lame qui en

# ORVS

*Comment ilz signifioient
Mars & Venus.*

Ilz paignoiēt deux aigles lune masle cōparée
a Mars lautre femelle cōparée a Venus pource
que les aultres bestes ne veullent obeir a tou-
tes les volūtes du masle mais laigle est aucōtrai
re car toutes les foys quelle oyt le masle elle vi-
ent a luy Iusques a trente foys le iour & dauan-

ne ponnent que deux oeufz ala foys adonc y a
masle & femelle & sil aduient qui est peu sou‐
uent que ce soient deux masles ou deux femel‐
les ne parient iamais entre les aultres corneilles
maiz viuét separées iusques a la mort & demeu
rent seulles dont ceulx qui récontroiét vne seul
le corneille le tenoit pour presage & signe de
vesuaige & écores iusqs auiourdhuy les grecz
pour la merueilleuse concorde qui est entre les
corneilles en leurs festes nuptiales en font men
tion des corneilles.

*Comment ilz signifioient ung en-*
*fant seul & unicque.*

Voulans signifier lenfant vnicque ou generatió
ou le pere ou le monde ou lhóme ilz paignoiét
vng scarbot qui est vne petite beste suyuant les
fiés des cheuaulx & le roullát par petites boul
les.Premieremét il signifie le filz vnicque pour
ce que ceste beste est,engendre de soy mesmes
fans femelle ainsi quil sensuyt . Quant le masle

mēt a lautre il eſt porte doccident en oriēt. A
pres leſcarbot enterre ladicte pellote & la laiſſe
vingthuict iours entiers pource que en autant
deſpace la lune paſſe par tous les douze ſignes
& donne perfection aux beſtes le vingtneufieſ=
me iour il tire ſa pellote & la iecte dedens leau
pour autant quil penſe que ce iour ſe face la cō
iunctiō de la lune au ſoleil & la generation des
choſes du monde apres il louure dedans leau &
dicelle ſortent les petitz ſcarbotz Il ſignifie ge
neratiō pour la meſmes raiſō Et le pere pource
ql eſt procree du ſeul pere ſans mere Le monde
pource ql a cōformite de pcreatiō & generatiō
auec le mōde, Lhōme pource q̄ en ceſte eſpece
ne ſe trouue point de femelle. Et y a troys ma-
nieres ou eſpeces de ſcarbotz la premiere quilz
appellent feli forme ou forme de chat & luyſāt
laquelle pour la ſimilitude ilz dedient au ſoleil
car on dict q̄ vng chat maſle diuerſifie les pru ₌
nelles de ſes yeulx ſelō les cours du ſoleil le ma
tin au leuer du ſoleil elles ſont longuettes enuy
rō midy toutes rōdes vers le ſoir obſcures Et en
la ville du ſoleil la figure dicelluy ſoleil y eſt for
mee en figure dū chat, le ſcarbot a trēte doigtz

Quelle chofe ilz fignifioient par
le uoultour.

Quant ilz vouloient denoter vne mere ou la
veue ou le bout ou la borne & limite ou la pre-
fcience ou lan ou vrania ceft adire la deeffe ce-
lefte ou mifericorde ou la deeffe Palas ou la de-
effe Iuno ou deux drachmes ilz paignoient vng
voultour la mere pource q̃ en cefte efpece doy-
feaulx ne fi trouue poiñ de mafle & font engé-

concoipuent point au vēt mais leurs oeufz sont
inutiles a geniture seullement sont bons a men
ger La veue pource quil a la veue pl° aigue que
nulz aultres oyseaulx car au matin sur le soleil
leuant il regarde deuers occident & sur le soleil
couchant deuers orient par ainsi appercoit il de
tresloig sa proye Le limite pource quil assigne
& limite le lieu aux batailles & y appert & pre
uient sept iours au parauāt Prescience pour la
mesme raison. Et pource quil tourne sa veue de
uers lendroict & la partie qui doibt auoir du pi
re & estre defaicte comme sil faisoit prouision
& assignant pour le temps aduenir son past &
nourriture. Parquoy les anciens roys souloient
enuoyer gens expres pour veoir & considerer de
quel coste les voutours auoient les testes tour-
nees lan pource que cest oyseau diuise les troys
cens soixante & cinq iours desquelz lan est par-
faict & acomply ainsi quil sensuyt il demeure
cent & vingt iours sur la terre sans sesleuer gar-
dant ses petirz & les nourrissant deux cens &
cinquante iours il entend a soy mesmes sans pō
dre ne nourrir seullemēt sapprestāt a cōcepuoir
les cinq autres iours qui restent il consume en

# ORVS

deffaille pour leur donner il fe entame la cuiffe
& leur en donne le fang Pallas & Iuno pource
que les Egyptiens eftiment que la haulte partie
du ciel eft attribuee a Pallas & le deffoubz a Iu
no par quoy il treuuent chofe mal propice &
coñuenable dappeller le ciel par vng nom ma -
fculin entendu que la generation du foleil de la
lune & des autres eftoilles fe parfaict par opera
tiõ femenine. Et lefpece des Vaultours eft feul
lement de femelles pour laquelle caufe il font le
dict Voultour roy fur tous les autres oyfeaulx
de fe fexe. Par lequel ilz fignifient pour le faire
brief toutes les aultres deeffes Par luy auffi ilz
denotent la mere car eftre mere appartient au
femenin pareillement deux dragmes pource q́
les Egyptiens notent deux dragmes par vnite
& vnite eft le commencement de tout nombre
doncques non fans caufe par le Voultours ilz
fignifioēt deux dragmes attendu que mere &
commencement font quafi cõme vne vnite.

# APOLLO.

## Comment ilz paignoiët
## Vulcanus.

Pour dõner a entẽdre Vulcanus ilz paignoiët
vng escarbot. Et vng voultour pour Minerue
par lesquelz seulz ilz pẽsent le mõde estre main
tenu sans ql soit besoing y auoir des masles par
le voultonr signifiant Mynerue a cause que ces
deux dieux seulz entre tous les aultres sõt chas
cun en son endroict masle & femelle.

Quelle chose ilz signifioient
par lestoille.

Par lestoille ilz signifioiét dieu ou la destinée
ou le cinquiesme nôbre Dieu pource que la diui-
ne prouidéce donne & decerne la victoire par
laquelle le mouuement des estoilles & de l'uni-
uersel monde est parfaict car sans dieu ny a cho-
se qui puisse consister ny demourer en estre la

Ce quilz signifioient par le Cinocephale,
ou teste de chien.

Quāt ilz veullēt signifier la lune ou la rotūditē
&reuolution de la terre les letres ou les pbstres
ou Ire oū le nager ilz paignoiēt le Cinocephalę
la lune pource souffre diuerses affections selon
le cours de la lune. Car quant elle est en coniun
&iō auec le soleil le masle Cinocephale neveoit
ne māge mais a les yeulx tournez iectez en ter

iourdhuy des cinocephales a celle fin que par
eulx foit entendue la coniunction de la lune &
du foleil La rotundite de la terre pource quilz
diēt q̃ au mõde y a feptāte & deux climatz ou
cõtrees & cõe foiēt curiofemēt nourriz & trai
ctez es tēples ilz ne meurēt poīt tout avng iour
& a vne foys cõe les aultres animaulx mais chaf
cũ iour meurt vne partie deulx & eft enfepue-
lie p les prefbtres le demourāt du corps demou
rāt en fon ētier eftat & nature & ainfi éfuyuāt
cõtinuēt a mourir par parties iufq̃s au feptante
deuxiefme iour q̃ tout eft mort Les letres pour
ce q̃ les cinocephales naiffent auec certaines
figures parquoy quant premierement le cino-
cephale eft amene dedens le tēple le preftre luy
mēt au deuāt vng tableau ou papier vne plume
& lencre pour experimēter fil eft de lefpece &
race diceulx qui aymēt les letres & fil les fcaict
car Mercure a a prins les letres a cefte manie-
res de beftes il denote auffi le prefbtre pour-
ce q̃ de fa nature le cinocephale ne mége point
de poyffon touteffoys neft point inutile ne te-
tard cõme font les prefbtres eftrāgiers oultre il
naift circũciz & les prefbtres font & prouuēt

*Comment ilz signifioent
la nouuelle lune.*

Silz voulloient signifier la lune nouuelle ilz
paignoient de rechief le cinocephale estant en
ceste maniere ayant les piedz de deuant leuez
vers le ciel & en sa teste le signe royal car ilz di
soiēt q̃ le cinocephale se mrecten ceste sorte quāt
la nouuelle lune apparoist comme sil rend gra
ces a dieu de ce que la lune le parce du soleil ait
reprins sa clarté sans empescher celle du soleil

# ORVS

*Comment ilz signifioient .es deux těps*
*equinoctiaulx cest adire quãt les iours*
*& les moys sont egaulx.*

Quãt ilz voulloient denoter les temps equi
noctiaulx qui aduiennent deux foys lan ilz pai-
gnoient le Cinocephale assiz pource que celle
beste esdictz temps equinoctiaulx pisse douzě
foys le iour & autant la nuict a chascune heure
Parquoy non sans raison les Egyptiens formerět

# APOLLO.

retenue & ne peuſt couler par quoy les heures
neuſſent peu auoir leur eſpace neceſſaire ilz
prenoiēt le bout de ſa queue & le peloiēt puis
faiſoiēt vng tuyau de fer de ſemblable groſſeur
& ont eſte meuz de ce faire par bonne raiſon
ainſi que les aultres choſes & auſſi pource q̃ le
cinocephale ſeul être les aultres beſtes es iours
equinoctiaulx abaye douze foys le iour.

*Comment ilz ſignifioient le courage.*

monſtrans par ce ſa forme eſtre faicte en la fi=
gure de dieu ceſt a dire du ſoleil lequel eſt ap-
pelle par les grecz oros car il a domination ſur
les heures.

*Comment ilz denotoient
force.*

Pour ſignifier force ilz paignoient le deuant
du lyon pource quil a les membres de deuant

*Comment ilz signifioient lhõme*
*ueillant.*

Quant ilz voulloient demonstrer vng hom-
meveillant ou de bon guet ilz paignioét la teste
du lyon pource que le lyon quant il veille a les
yeulx cloz quant ilz dort il les a ouuers qui est
signe de vigillence par quoy non sans cause ilz
mettoient les lyons comme gardes es temples
& cloistres des dieux.

# ORVS

Comment ilz signifioient lhomme
paoureux.

Signifians lhomme craintif paoureux ilz v-
soient de celle mesme figure pource que estat
le lyon le plus fort de toutes les aultres bestes
ilz espouente toutes celles qui le rencontrent.

*Comment ilz signifioiēt le Nil croissant &
sortant hors de ses Riues.*

Quant ilz voulloient signifie le Nil debor-
de lequel est appelle par eulx Num & par les
grecz Neon qui signifie naguyeres ou nouuel-
lement ou neuf aucunessoys ilz paignoiēt vng
lyon aucunessoys troys cruches aucunefoys Le
ciel & la terre produisant habondance deau Le
lyon pource que quant le soleil entre au signe

prieres pour la trop grande inundation & ha=
bõdance des eaux Les troys ydries ou cruches
& le ciel &la terre auſſi ſignifiĕt ſources deaux
& comparent le Nil a vng cueur ayant langue
car les Egyptiens eſtimoient le cueur eſtre la
premiere & principale partie cõme ilz tenoiĕt
ledicte Riuiere de Nil eſt chef & le prince De-
gypte & le font ſẽblable a la lãgue pource que
la langue eſt touſiours en lieu humide oultre
ilz lappellent mere Les troys cruches moís
ne plus pource quilz donnent & enſeignent
troys raiſons du debordement & deriuage du
Nil la premiere la terre de Egypte qui delle
meſmes produict leau lautre la mer oceane qui
reflote en Egypte la tierce les pluyes leſquel-
les en celle ſaiſon ſõt grãdes es parties de midy
& deuers le pays de Ethiopie . Que le pays de
Egypte produiſe eau ſe peult comprendre par
ce q̃ es aultres climatz les inundations ſe font
en hyuer pour les grandes & cõtinuelles pluyes
Mais le pays de Egypte ſitue au millieu de
la terre ainſi que la prunelle en loeil en eſte eſt
humide du Nil.

*Comment ilz escripuoient*
*Egypte.*

Pour escripre Egypte ilz mectoient vng en-
eencier ardant & pardessus vng cueur voulans
dire que côme que le cueur dun Ialoux est ars
ainsi Egypte pour la challeur qui y regne pro-
duict & engendre continuellement des bestes
& animaulx.

Comment ilz signifioient ung homme
qui na gueres uoyage.

Pour denoter vng homme qui ne va guye-
res loing ilz paignoient la teste dung asne pour
ce quil noit poit les histoires & na cognoissan-
ce de ceulx qui ont voyage.

# APOLLO.

*Comment ilz signifioient protection
ou defense ou ung charme defensif
& preseruant.*

Quant ilz vouloient signifier toute defense
seurete & preseruatio ilz paignoiēt deux testes
lune dhomme regardant par dedās & lautre de
femme regardāt par dehors ilz diēt que en ceste
maniere le mauuais esperit na puissance dassail
lir aucun pource que sans letres ilz se gardent

## Comment ilz denotoient ung homme imparfaict ou embrion.

Voulans ſignifier vng homme imparfaict ilz paignoient vne Grenoille pource que la Grenoeille eſt engendree & produicte en lymõ de la riuiere . & veoit on ſouuent des Grenoilles imparfaictes lune moictie formee & viue & lautre moytie encores boue & limõ aſſi que leau luy a failly.

Comment ilz signifioient oraison en ha‑
rangue ou le parler. ou silence.

¶ Quant ilz vouloient denoter oraison ou ha‑
rangue ilz paignoient vne langue & vng oeil
sanglant assignans le premier office de parler à
la langue & le second aux yeux ainsi parfaicte‑
ment consiste le parler de lame quant il est con‑
forme & accommode au mouuement d'icelle aus‑
si est il appelle des Egyptiens l'autre parolle

MLXXXXV

*Comment ilz escripuoieut le taire*
*ou silence.*

Pour la signification du taire & silence ilz
escripuoient le nombre de M. LXXXXV. a-
brege qui est le nombre de troys ans a côpter
troys cens soixante cinq iours pour chascun an
voulans entendre que de ce temps de troys ans
lenfant ne parle point & combien quil ait la lâ
gue si nen a il pas lutaige.

## Comment ilz signifioient une chose ouuerte & patente.

Silz voulloient escripre vne chose manifeste ouuerte & patéce ilz figuroiét vng lieure.pour ce quil a tousiours les yeulx ouuers.

c iij

## Comment ilz signifioient la uoix loingtaine.

Voullans signifier vne voix eslongnee, q̃ les Egyptiens appellent ohe ilz paignent la voix de lair qui est le tonnerre pource quil nest cho se qui si hault sonne ne qui tel bruict face.

XVI

## Comment ilz signifioient Volupte.

Pour denoter volupte ou delectation ilz es-
cripuoient le nóbre de xvj abrege pource que
en laage de seize ans les hommes commencent
a estre puissans & ydoines a generation.

c iiij

Comment ilz signifioient
copulation charnelle.

Quant ilz voulloient escripre lassemblee de
lhôme & de la femme ilz mectoient deux foys
le nôbre de seize abrege pource que les enfans
sont engendrez par delectation & en la copula-
tion charnelle y a double delectation de lhom-
me & la femme par quoy ilz doubloient ledict
nombre de xvj.

*Comment ilz signifioient*
*lancien lignaige.*

Pour signifier lancien lignage ilz paignoient
vne liasse de papiers signifians par ce la pre=
miere nourriture car on ne trouua oncques le
commencement de menget ny de generation.

# ORVS

*Comment ilz escripuoient le goust.*

Pour signifier le goust ilz paignoient le com
mencement de la bouche pource que le goust
sestend iusques la ientens le goust parfaict car
pour signifier le goust imparfaict ilz paignoiét
la langue entre les dés pource que par eulx tout
le goust est acomply.

*Cõment ilz signifioient lame longuement demourant en uie.*

Voulant signifier lame demourant longue-
guement en estat ou inundation ilz paignoient
vng oyseau appelle phenix, Lame pource que
le phenix est de treslongue vie & plus q̃ toutes
les aultres bestes qui sont au mõde Inundation
pource que le phenix est le signe du soleil qui
est la plus grant chose qui soit au mõde il mon

# ORVS

*Comment ilz signifioiët celuy qui*
*retourne tard de son voiage.*

Quãt ilz veullent escripre celluy qui retour=
ne tard de son voiage ilz paignent encores le
phenix lequel reuiët en Egypte quãt il a cinq
cens ans daage alors quil est prochain de sa fin
Et sil aduiët q̃ auant ledict temps ledict phenix
soit trouue en Egypte il est traicté auec grans
mysteres Tout ce que les Egyptiens ont acou

# APOLLO.

*Comment ilz escripuoient*
*le cueur.*

Quant ilz voulloiẽt signifier le cueur ilz pai-
gnent la cicogne pource que cest oyseau est de-
dié a Mercure seigneur du cueur & de la rai-
son. Aussi q̃ la cicogne a le cueur plº grã̃t a sa ꝓ-
portion que le reste du corps & est ledict oy-
seau fort cõgneu & mentioné des Egyptiens.

## Comment ilz ilz fignifioient fcience & doctrine.

Pour fignifier fciece & doctrine ilz paignoiet le ciel iectat la rofee pource q̃ cõe la rofee tum bãt fur toutes plantes amollit & attẽdrit celles qui de leur nature font difpofees a eftre tẽdres & nõ point les autres qui par nature font dures. Ainfi la fcience fe prefente a tous hommes les ingenieulx & qui ont la nature bonne la com-

# APOLLO.

**Comment ilz signifioient les letres Egyptiaques.**

Pour demonstrer les letres Egyptiaques ilz paignoient lescripuaim des sainctes letres ou vng point & ligne ou note quilz prennēt pour la fin ou extremite ou vng crible ou vng ionc pource que toutes les escriptures des egyptiés sont parfaictes par ces choses car ilz escripuent des Ioncs & nō dautre chose il paignoiēt le cri

science Sbo qui fe peult traduyre plain de viã-
de ou nourriture ilz paignêt Le prefbtre ou le
fcripuain des chofes fainctes pource quil don-
noit iugemêt fur la mort & fur la vie les prefb=
tres auoiêt vng liure quilz appelloiêt la faincte
Ambris par lequel il iugeoient fe le malade
gueriroit ou nõ ce quilz defignoient par la ma
niere du coucher de celuy qui eftoit malade.
Quant ilz paignoient la fin ilz entendoiêt que
celluy qui auoit aprins les letres eftoit paruenu
en repos & au paifible eftat de fa vie deliure de
toutes les calamitez & erreurs de la vie humai=
ne .

Coment ilz signifioient le sainct escripuain
ou celluy qui escripuoit les choses sainctes.

Quant ilz voulloient signifier le sainct escrip-
uain ou vng prophete ou celluy qui enterre les
trespassez ou la Rate ou le sentement ou le
Ris ou lesternuer ou le prince ou le Iuge ilz
paignoiēt vng chien, le sainct escripuain pource
que celluy qui veult estre parfaict escripuain
doibt penser cōtinuellemēt a abayer avng chas-

font faictes & taillees lors ql les collocq en leurs
repofitoires La Rate pource q̃ le chien a la rate
fort legiere encores quil meure ou tumbe en
rage par quoy ceulx qui pẽfent les chiẽs q̃ font
pres de mourir le plus fouuẽt viẽnẽt a eftre ma
lades de la rate mefmẽt filz fẽtẽt la leine de la be
fte Pareillemẽt fignifie le fentir le rire & lefter-
nuer pource q̃ ceulx qui font trauaillez du mal
de la rate ne peuuent fentir rire ny efternuer.

chien regarde ententiuement les statues & ima
ges des dieux comme nous auons dict ainsi les
gouuerneurs & Iuges du temps iadis soloient
veoir le Roy nud par quoy ilz se attribuent le
manteau Royal.

Côment ilz designoient celluy qui porte
le sainct Manteau ou la sacree chappe.

Quant ilz voulloient signifier celluy qui porte

# ORVS

*Cõment ilz demonstroient celluy qui cõ=*
*pte les heures & y prend garde que les*
*grecz appellent horoscope.*

Pour signifier vng horoscope cest a dire qui
note & prent garde aux heures pour entendre
lestat des choses ilz paignoient vng hõme men
geant les heures non pas que vng homme les
puisse menger qui est impossible mais pource
que les hommes apprestent leurs viandes & ce

## Cōment ilz enfeignoient ignorance.

Voullans efcripre ignorance ilz paignoient leau & le feu pource que par ces deux elemens toutes chofes font purifiees.

d iij

Comment ilz signifioient ung homme
meschant ou hayne.

Quant ilz voulloient demonstrer & escrip-
re vng homme mauuais & inique ou hayne &
malueillãce ilz paignoiẽt vng poysson pource
q̃ lusaige & le mẽger du poyssõ est prohibe &
interdict en choses diuines & aussi q̃ le poyssõ
destruict tout ce q̃l recõtre &se mẽge lũ lautre.

## Comment ilz signifioient
### la bouche.

Pour signifier la bouche ilz paignoiët vng ser
pent pource que le serpent nais't ce que en la
bouche.

*Cemment ilz signifioient ung homme fort uaillant et tempere.*

Pour denoter vng homme viril & atrêpe ilz paignoiét vng taureau de forte nature pource que le toreau est de telle challeur que sans se mouuoir il saillit la vache & engendre & sil la saillit autrement que naturellement il la blesse il est aussi atrempe pource que quant la vache est preigne il ne faict compte de y retourner.

### Comment ilz signifioient
### louyr.

Quant ilz veulloient denoter louyr ilz pai-
gnoiét loreille dun Toreau Pource que quāt la
vache demande le toreau qui ne luy dure que
troys Heures elle brait & appelle le Toreau &
sil ne vient promptement & sur lheure sa chal-
leur passe iusques a vng aultre temps mais cela
naduient point souuent A cause que le Toreau

*Comment ilz signifioient le membre de
lhomme qui engendre souuent.*

Quãt ilz voulloiét escripre le mébre de lhõ-
me q̃ engédre souuent ilz paignoiét vng bouc
& nõ vng toreau car le toreau nest puissant dé-
gédrer iusq̃ a cé quil ait vng an acõply Mais le
bouc le septiesme iour apres quil est ne assault
la cheure & asemence ce que ne faict nulle aul-
tre beste.

*Comment ilz signifioient le peche*
*ou impurite.*

Pour signifier le peche ilz paignoiēt vne be=
ste nommee Orige pource que quant la lune
appt si ceste beste la regarde elle iecte vng hur=
lement sans la louer ny benistre & le signe de
ce est que lors auec le pied de deuāt elle remue
la terre & y cache ses yeulx cōme si elle auoit
deplaisir de voeir la lune ce mesmes elle faict au

ne mengent que de cestuy pource quil semble
auoir quelq inimitie enuers ladicte deesse & sil
trouue en lieu solitaire qlq fontaine, aps ql en
aura beu il la troublera auec ses leures ou mou
uera le lymõ ou iectera de la terre dedẽs auec
les piedz pour gaster leau & la rendre inutile a
boire aux aultres bestes de si mauuaise & mali
gne nature est Lorige ainsi q lon dit ces choses
faict elle indeuemẽt cõtre raison veu q la lune
engẽdre & augmẽte tout ce qui est vtile en ce
monde.

que ceste beste gaste & corrōp tout ce que el-
le gouste & menge & le rend inutile semblable
ment ilz vsent de ce signe pour signifier vng Iu
gement pource que si la souriz se trouue entre
plusieurs pains de diuerses sortes elle sadresse
au meilleur dont il semble que la soriz soit le Iu
ge bolengiers qui est le meilleur dentre eulx.

Cōment ilz denotioent ung homme exhon
te & sans uergongne.

*Comment ilz escripuoient Notice ou congnoissance.*

Voullans escripre notice ou cógnoissance ilz paignoient vne formiz pource q̃lle se scait seurement cacher & oultre la coustume des aultres bestes faict prouision de viures pour lhuy & noublie poit son domicille mais y retourne sans foruoyer.

# APOLLO.

## Comment ilz signifioient
le filz.

Voullaus escripre le filz ou lenfant paignoiēt vne beste appellee chenalope pource quelle ay me fort ses petitz car siladuient ǫlle soit chas-see & suyuie auec ses petitz le pere ou la mere se laisse prendre par cela ses petitz peuent es-chapper & estre sauuez. Pour ceste cause il a sē-ble aux Egyptiens de prendre ceste beste pour

Cõment ilz signifioient ung homme impru=
dement & qui na le sens bon.

Pour designer vng homme peu saige & qui
a faulte de sens ilz paignent le pelican pource
que combien quil puisse faire ses oeufz en lieu
hault ainsi que les aultres oyseaulx touteffoys
le faist au contraire car il caue la terre & pond
en vne petite fosse ce que cognoissans les oy=
selleurs assemblent autour de son nid de la fiete

Touteffoys plufieurs Egyptiens en mettent di
fans quelle ne le faict point de rufe & de fens
comme la chenalope mais par amour & folici-
tude quelle a enuers fefdictz petitz.

### Comment ilz eſcripuoient recognoiſſan-
### ce & lhomme qui n'eſt point ingrat.

**Pour ſignifier** gratitude ou recognoiſſance
ilz peignoient loyſeau appellé Cucupho pour-
ce quel ſeul entre les beſtes il rend les plaiſir &

*Comment ilz signifioient ung homme inuste & ingrat.*

Quant ilz veullent signifier vng hôme iniuste & ingrat ilz paignoiét deux vngles dun hippotame cest adire cheual de riuiere telz quilz font au Nil & sont lesdicz vngles tournees regardans côtre bas pource q quât lippopotame est creu il sessaye auec son pere pour sauoir lequel est le plus fort Si son pere succube, & quil soit foible il luy done lieu & le laisse ou il va habiter

Cōment ilz signifioiēt en autre maniere ung
ingrat enuers ceulx qui luy ont faict bien.

Quāt ilz voulloiēt escripre yng ingrat & rebel
le enuers ceulx esqlz il est tenu, & qui luy ont
biēfaict ilz paignoiēt vne colūbe pource que le
masle des colūbes quant il se trouue fort chasse
son pere se couple & habite auec sa mere il sem
ble aussi q̄ cest oyseau soit pur & net, pource q̄
au tēps de peste q̄ toute la regiō est infectee de
ceste cōtagiō tāt ceulx qui entroie q̄ les lieux e

## Comment ilz ilz signifioient chose im= possible a faire.

Pour escripre vne chose impossible a faire ilz paignoient les piedz dun hôme cheminans sur leau & en aultre maniere le declairans ilz paignoiêt vng hôme cheminât sans teste qui sont deux choses impossibles par quoy nõ sans cau= se elles sont appliequees pour la signification dessudicte.

# APOLLO.

*Comment ilz signifioient ung*
*mauuais Roy.*

Pour demonstrer vng Roy tresmauuaiz ilz
paignoiēt vng serpent en rod a la figure du mō
de ayant sa cueue dedēs sa gorge & escripuoiēt
le nom du Roy au millieu de ses pliz & circum
uolution voullans parce entēdre que le Roy est
le recteur & gouuerneur du monde le serpent
est par les Egyptiens appelle Meſi.

Cōment ilz ſignifioient ung Roy faiſant
bonne garde.

Autrement pour ſignifier le Roy faiſant bō-
ne garde ilz paignoient vng ſerpent veillant &
pour leur nō du Roy ilz paignoient vng gardiē
car il eſt gardien du monde parquoy il eſt ne-
ceſſaire quil ſoit vigilant.

Cōment ilz escripuoient le Roy recteur
& gouuerneur du monde.

Derechief pour declarer vng Roy recteur &
gouuerneur ou seigneur du mōde ilz paignoiēt
le mesmes serpent & au milieu dicelluy vne
grant maison & ce pour bōne cause car la mai-
son Royalle dun Roy est le monde.

*Comment ilz signifioient le peuple*
*obeissant au Roy.*

Pour demonstrer le peuple obeissant au Roy
ilz paignoiět vne mouche a miel pource que la
mouche a miel entre toutes les aultres bestes a
Roy lequel est suiuy & obey de toute la mul-
titude des mouches ainsi que les hommes o-
beissent a leur Roy signifians par le miel luti-
lite qui vient du Roy & par leguillon la for-
ce dicelluy car le Roy doibt estre vtileen pour

Comment ilz signifioient ung Roy
dominãt une partie du monde.

Voullãs denoter le Roy qui ne domine point
tout le monde maiz seullement vne partie ilz
paignoient la moitie dun serpent demonstrans
le Roy par ceste beste & pource quelle nest que
demye entendent quil ne doimine pas entie-
rement.

Comment ilz signifioient le Roy seigneur
& victorieux de tous.

Quant ilz voulent signifier le Roy seigneur
& victorieux de tous ilz paignoiēt le serpent en
tier & parfaict pareillement par cela ilz enten-
deoint lesperit qui se dilate par le monde.

Coment ilz signifioient ung foullon ou taincturier.

Pour signifier vng foullô ilz paignoiēt deux piedz dun homme en leau ce quilz denotent a la similitude de mercure.

# ORVS

*Comment ilz signifioient une homme ra=*
*uisseur ou ydoine engendra ou furieux*

Sil voulloient signifier vng homme rauissant
ou fertile ou furieux il paignoient le Cro=
codile pource que ceste beste multiplie grande
ment & est furieuse & si en voullant rauir quel
que chose il en est empesche il exerce son cour
roux & sa fureur contre luy mesmes.

# APOLLO.

*Comment ilz signifioient orient*
*ou la naissance.*

Pour signifier oriét il paignoiét les deux yeulx
du Crocodile pource qu'ilz font fort luyfans &
femblent yffir du profond du corps.

*Cōment ilz signifioient*
*Orient.*

Quāt ilz voulloient escripre occident ilz pai-
gnoient vng Crocodile qui se courbe ou encli-
ne pource quil faict ses petitz estant baisse.

Comment ilz declaroient
les tenebres.

Pour escripte les tenebres ilz paignoient la
cueue d'un Crocodile pource quil ne tue point
la beste quil chasse iusques a ce quil da batu &
lasse de sa cueue en laquelle est toute sa force
& puissance plusieurs aultres signes à le Croco
dile mais ceulx icy souffiront pour ce liure.

Comment ilz signifioient
les moys.

Silz veulloiét escripre le moys ilz paignoiét
la lune de dessoulz vingt & huit iours equino-
ctiaulx chascun iour de xxiiii heures & deux
iours pour la cóiunction, la lune est aupres du
soleil qui font le moys entier.

Fin du premier volume.

# LE SECOND LIVRE DE ORVS

APOLLONILIAQVE OVEGYP-
tien de linterpretation des hieroglyphes ou
sainctes figures des Egyptiens.

En ce secõd liure ie te dõneray vraye raison du de
mourant & adiouxteray premicremẽt ce qui na au
cunemẽt este explicque ny declare es autres liures.

Quelle chose ilz voulloient signifier quant
ilz escripuoient une estoille.

# ORVS

*Que signifioient les deux piedz de lhomme ioinctz & fermes.*

Les deux piedz pareilz & fermes signifioiēt le cours du soleil quant il commence a remonter en hyuer.

# APOLLO.

Que signifie le cueur de lhomme pendu
au gosier.

Le cueur de lhomme pendu au gosier signifie
la bouche dun homme de bien.

f ij

# ORVS

## Que c'est quilz signifioient
## par le doigt.

**Le doigt signifie l'estomac de l'homme.**

# APOLLO.

Que signifie le membre de lhomme
couuert & ferre de la main.

Le membre tenu & ferre de la main signifie
atrempance.

f iij

*Cõment ilz signifioient
maladie.*

**La fleur appellee Anemone cest adire pauot si
gnifie maladie.**

*Comment ilz fignifioient les
entrailles de lhomme.*

Pour fignifier les entrailles ou leftat & com ≈
pofitiō de lhomme ilz paignoient lefpine ou
loz du doz pource q̃ aucuns ont opinion que
la femence de lhomme paffe par icelluy.

f. iiij

*Comment ilz denotoient seurete*
*fermete ou perseuerance.*

**Ilz** paignoient vng os de la caille pource que
loz de la caille nest pas facillement altere &
blesse.

Comment ilz signifioient
concorde.

Deux hõmes en habit de dignite signifioient
concorde.

Comment ilz signifioient
troubles.

Lhomme arme tirant fleiches signifioit trou
bles.

# APOLLO.

Comment ilz signifioient
Mesure.

Le doigt de lhomme signifie mesure.

*Comment ilz escripuoient la femme fiancee promise ou espousee.*

Pour signifier la femme espousee ou fiancee ilz paignoiết le cercle du soleil auec vne estoil-le mypartie auec le soleil.

Comment ilz signifioient
le uent.

Ilz paignoient vng sacre ou faulcon montant
& tirāt vers le soleil leuāt ce signifie vēt Autre
ment le faulcon estandant les aelles en l'air de-
note vent.

Comment ilz escripuoient
le feu.

**La fumee montant en lair signifie le feu.**

# APOLLO.

## La signification de loeuure.

Pour signifier loeuure ilz paignoient la corne dune beste masse.

Comment ilz fignifioient peine ou
uengeance.

La corne dune befte femelle fignifie peine ou
vengeance.

Cõment ilz signifioient ung homme mau
uaiz meschans & peruers.

Vng homme depuis le nõbril figure auec vne
espee signifie mauuaitie.

g

Comment ilz escripuoient lheure.

Ilz paignoient vng hippopotame cest a dire
cheual de fleuue ou riuiere pour signifier lheure

*Comment ilz signifioient long temps*
*ou uiure longuement.*

Ilz paignoient le cerf à qui tous les ans les cor
nes repullulent & renouuellent.

g ij

Cőment ilz signifioient
destournement.

Vng loup ou vng chien destourne signifie de-
stournement.

*Comment ilz descripuoient leuure*
*faicte ou future.*

Loreille paincte signifie louuraige faict ou que
lon veult faire.

g iij

# ORVS

Comment ilz signifioient meurtre
ou sang.

La mouche guespe du crocodile vollant signi
fie le sang nuysant dicelluy ou occasion de
meurtre.

## Comment ilz signifioient la mort.

La cheueche ou chahuã signifie la mort pour-
ce que de nuict elle assault les nidz & les petitz
des autres oyseaulx soubdainement & au de
depourueu ainsi faict la mort qui nous surprêt
alors que nous ne pensons point en elle.

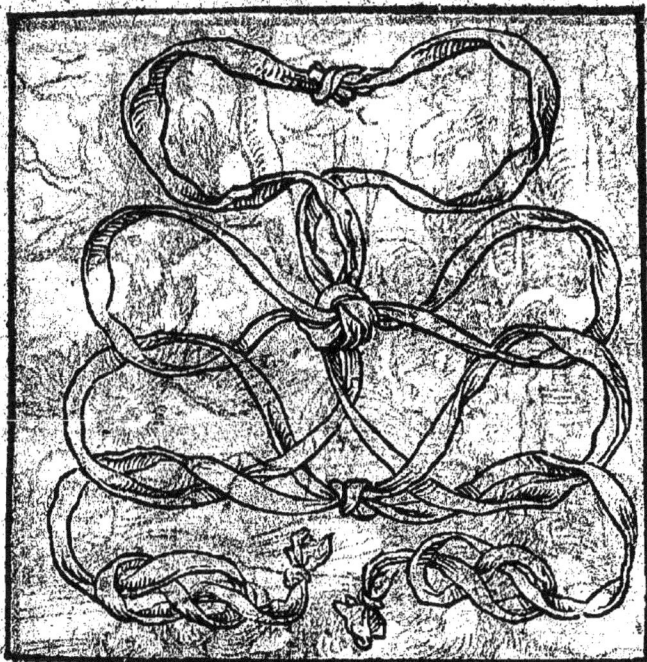

*Comment ilz signifioient
amour.*

Les lacz ou laterz que les tend pour prendre les oyseaulx ou aultres bestes signifioiét amour, des autres oyseaulx soundainement & au de departez ainsi faict à mort qui nous surprét alors que nous ne pensions point en elle.

g iiij

## Cõment ilz signifioient une chose tresancienne.

Le contenu des liures & les fueillez ensemble iceulx liures cloz & seellez signifioient les choses tresanciennes.

# ORVS

Commeut ilz fignifioient le fiege ou lop=
pugnation dune uille.

Ilz paignoiēt vne efchelle appuyé & encline.

*Comment ilz signifioient ung homme peu
expert ou la nuict ou la deesse fatalle.*

Sept elemens ou lettres contenues en deux
doigtz signifioient lhomme sans experience ou
la nuict ou la deesse fatalle.

## Que signifie une ligne mise & faicte sur une aultre.

Vne ligne droicte faicte sur vne aultre en tra=
uers signifioit dix lignes plaines.

*Quelle chose ilz signifioient quant ilz
paignoient larondelle.*

Quant ilz vouloient signifier vng grant patri
moine ou heritage laisse par le pere a ses enfans
ilz paignoiet larondelle pource que en faisant le
nid de ses petitz elle se plonge en la fange ou
elle meurt.

## Que signifie la columbe noire.

Voullans signifier vne femme vesue ou son vesuage iusques a la mort ilz paignoient la columbe noire pource que apres la mort de son masle elle ne se messe plus auec aultre.

*Ce quilz signifioient par la beste appel=*
*lee Ichneumon·*

Voullans signifier vng homme foible debil-
le & impotēt & qui ne peut de luymesmes fai =
der mais a besoing delaide dautruy ilz pai-
gnoient Ichneumon pource que quant ceste be
ste veoit le serpent qui est son ennemy elle ne
lassault pas incontinent mais en appelle dautres
de son espece pour luy ayder.

### Quelle chose ilz signifioient par lherbe dicte Origan.

Quant ilz vouloient signifier quil n'est point de fourmiz, ilz paignoient lorigan pource que se partent du lieu ou ceste herbe est semees praignoiet lalmon non pource que quelque cela he de cela la te? car qui est son ennemy elle ne laisseroit pas incontinent mais en appelle dautres de son espece pour luy ayder.

## Ce quilz signifioient par le crocodile et le scorpion.

Quãt ilz voulloient signifier ung ennemy as-
failly par lautre alz paignoient le Crocodile &
le Scorpion pource que lun tue lautre & quant
ilz voulloient signifier le quel a vaincu ilz pai-
gnent le Crocodile ou le Scorpió silz a vaincu
tost ilz metoiēt le crocodile sil a vaincu tard il
metoient le Scorpió pource quil se meult lēte-

## Quelle chose ilz signifioient par la Mustele.

Quant ilz voulloiét signifier la femme faisant
les oeuures dhomme ilz paignoient la muste-
le pource que celle beste a la marque du masle
en forme dun petit oz.

# APOLLO.

*Ce quilz denotent par le*
*porceau.*

Pour signifier vng hôme pernicieux ilz pai=
gnoient vng porceau car il est de pnicieuse na=
ture.

*Comment ilz signifioient ire immoderee.*

Quant ilz voulloient escripre Ire tant desme-
suree qlle donne & cause la fiebure a celluy qui
se courrouce ilz paignoient vng lyon battāt ses
petitz lyonceaux de sa queue le lyon paignoiēt
ilz pour sa fureur & les petitz lyonceaux pour
ce que leurs oz hurtez lun contre lautre rendēt
feu.

# APOLLO.

*Comment ilz fignifioient ung viel muficien.*

Quant ilz voulloient fignifier vng viel muficien ilz paignoient vng cigne pource que c'eft vng oyfeau de telle nature que tãt plus ilz viellit tant mieulx il chante.

h iij

# ORVS

*Comment ilz signifioient ung homme
assemble a sa femme.*

Voullans signifier lhomme assemble a la fem
me ilz paignoient deux corneilles pource quel
les parient & se couplent comme lhomme sas-
semble a la femme.

Ce quilz signifioient par lefcarbot
ou canthare aueugle.

Quant ilz voulloiēt eſcripre vng hōme ſurpris
des raiz ou challeur du ſoleil & qui en eſt mort
ilz paignoient le ſcarbot ou canthare aueugle
car ceſte beſte meurt aueuglee des raiz du ſoleil

h iiij

# ORVS

## Que cest quil signifioient quant ilz
## paignoient une mulle.

Pour signifier vne femme seulle ilz paignoient
vne mulle, est seule pource quelle a la matrice
de trauers.

h iiij

*Comment ilz signifioint la femme qui en=*
*fante une fille.*

Pour signifier la femme qui ait ēfantē vne fille
ilz paignoient vng toreau regardant & tourne
deuers le couste gauche ou senestre. Mais silz
voulloient escripre que la femme est acouchee
dun enfant masle ilz paignoient le toreau regar
dāt au couste droict car se le toreau apres auoir
sally la vache se remeĉt en terre du couste gau-

*Quant ilz signifioient les guespes.*

Pour signifier les guespes ou grosses mouches ilz paignoient vng cheual mort pource q̄ de la charogne dun cheual mort les guespes sen gendrent.

POLLO.

Comment ilz signifioient une femme qui
a auorte ou enfante deuant le tēps.

Quãt ilz voulloient signifier vne femme acou
chee deuãt son terme ilz paignoient vne iumēt
foullant aux piedx le loup pource que se la Iu=
ment preigne frappe de son pied le loup elle a-
uortte incontinent & pareillement si elle mar-
che sur le pas du loup.

Comment ilz paignoient ung homme qui se
guerit soy mesmes enseigne par les dieux.

Voullans signifier lhomme qui par le conseil
& enseignemēt des dieux se guerit luy mesmes
ilz paignoient vne pie tenant vne fueille de laü
rier en son bec pource que la pie quant elle est
malade elle apportevne fueille de laurier en son
nid & guerit.

# APOLLO.

Comment ilz signifioient plusieurs petites mouches bruyans que lon appelle mouchailles ou cosins.

Pour signifier les mouchailles bruyās ilz paignoient des vers de terre pource que deulx sen gendrent les mouchailles.

### Cōment ilz signifioiēt lhomme qui de soy nest colere mais est esmeu par autruy.

Quant ilz voulloient signifier lhomme qui de soy mesmes nest colere mais est esmeu & incite par autre ilz paignoient la colūbe ayant le ventre leue en hault pource quelle a le fiel en ces parties.

# ORVS.

## Cõment ilz significient lhomme habitant et demourant seurement en la cite.

Pour signifier lhomme seurement demourant en la cite ilz paignoient vne aigle portant vne pierre pource que laigle va prendre vne pierre en la mer ou en la terre & la porte en son nid pour lasseurer & tenir ferme.

## Comment ilz signifioient lhomme debile et foible poursuiuy par aultre.

Sil veullent signifier lhomme foible & debile poursuiuy par vng aultre pl⁹ puissant ilz paignoient vng cheual & vng oyseau appelle Otide pource que ledict oyseau senuole incontinēt quil voit le cheual

Comment ilz ſignifioient lhomme reçou=
rat deuers ſon propre protecteur & qui
neſt point aide de luy.

Voullant ſignifier lhomme refuyant a ſon p̄=
tecteur & qui neſt point aide par luy ilz pai
gnoient le paſſereau & la cheueche pource que
le paſſereau fuyant loyſeleur & ſe retirant a la
cheueche & eſt trauaille par elle.

i.j.

Cõment ilz ſignifioient lhomme foible qui
touteſſoys ſenfuict & eſchappe ou qui eſt
foible & neãtmoins eſt rebelle temeraire
& iniuricux.

Quãt ilz voulloiẽt ſignifier lhõme foible & qui
neantmoins ſenfuyt & taſche deſchapper ilz
paignoient la chauueſoriz pource que combiẽ
quelle ſoit ſans plumes touteſſoys elle volle.

i.i

Comment ilz signifioient une femme Al-
laictant & bonne nourrice.

Pour signifier vne femme allaictant & bien
nourrissant ilz paignoient vne tourterelle car el
le seulle entre les volatiles a dés & mammelles.

i ij

Comment ilz signifioient lhomme qui se
delecte en dances & sons dinstrumēs.

Silz voulloient signifier lhōme qui prent plai
sir aux dances & a son distrumens ilz paignoiēt
vne tourterelle pource que cest oyseau se laisse
prendre au son des instrumens & en regardant
ceulx qui saultent & dancent.

Comment ilz signifioient lhomme Mysti =
que cest adire traictant & saichant les se
cretz & ceremonies des choses sainctes.

Pour declarer & escripre lhomme mystique
& ayant charge des ceremonies & choses sain-
ctes ilz paignoient vne Cigalle pource quelle
ne rend pas le chant par la bouche mais iectant
ce son par ses espaulles rend vne chãson.

Comment ilz signifioient le Roy solitaire
& qui ne pardonne point aux malfai=
cteurs.

Quant ilz voulloient escripre vng Roy soli-
taire & qui ne pardonne point les malfaictz ilz
paignoient laigle pource quelle faict son nid es
lieux solitaires & desers & volle plus hault q les
aultres oyseaulx.

*Comment ilz significient la restauration*
*annuelle & durable des choses.*

Pour signifier la restauration annuelle des
choses ilz paignoient le phenix pource que
quant le phenix naist toutes choses se renouuel
lent & naist en ceste maniere. Quant le teps de
mourir est venu au phenix il se iecte de hault
contre la terre si impetueusement qui se faict
vne playe & du sang qui en sort sengendre vng
autre phenix lequel quant les plumes luy sont
venues va auec son pere en la ville de Egypte
appellee heliopolis ou sondit pere au leuer du
soleil meurt apres sa mort le nouueau phenix re
tourne en son pays le pere est enterree par les
prebstres de Egypte.

*Comment ilz fignifioient lenffant aymant*
*fon pere.*

Pour fignifier lenfant qui ayme fon pere ilz
mectoient la cigogne pource q̃ apres quelle a
efte nourrie de fes pere & mere elle ne les ha-
bandonne point mais demeure auec eulx iufq̃s
a lextreme vielleffe & les fert & nourrit.

# APOLLO.

*Comment ilz signifioient la femme*
*hayssant son mary.*

Voullans signifier la femme qui hayt son ma
ry & cherche les moyés de le faire mourir en le
flattant quant ilz sont en leur priue & secret ilz
paignoient la coleuure ou serpent, appellé vipe-
re pource que quant les viperes se messent pour
engendrer le masle mett sa teste dedens la gor-
ge de la femelle apres que ladicte femelle a con-
ceup elle serre la teste du masle & le tue.

# ORVS

*Comment ilz signifioient les enfans espiãs leur mere pour luy nuyre.*

Quant ilz voulloient signifier les enfans qui espient leur mere pour la faire mourir ilz paignoient vne coleuure appellee vipere pource que elle ne produict pas ses petitz par le lieu naturel comme les aultres bestes mais quant leur temps de naistre est venu ilz rompent le ventre de leur mere & sortent.

*Comment ilz signifioient ung homme le-*
*dange daccusations & opprime doul=*
*trages & pource languissant.*

Voulans signifier lhomme moleste daccusa-
tiõs & oultraiges & pource lãguissant ilz pai-
gnoient vng serpent appelle Basilisque pource
que de son seul siffler il occit les autres bestes q
luy approchent.

*Comment ilz significient ung homme*
*bruslc du feu.*

Pour signifier vng homme brusle du feu ilz
paignoient vne salemandre pource que chascu-
ne teste elle occit.

# APOLLO.

*Comment ilz significient ung homme*
*aueugle·*

Quant ilz voulloient escripre vng homme a-
ueugle ilz paignoiet vne taulpe pource que ce
ste beste na aucuns yeulx & ne voit goutte.

# ORVS

Comment ilz signifioient lhomme habitãt
hors de sa maison.

Pour signifier lhomme habitant hors de sa
maison ilz paignoient vne formy & laelle dune
chauuesoriz pource q̃ la formy nentre iamaiz
en lieu ou elle trouue laelle de chauuesoriz.

# APOLLO.

*Comment ilz signifioient lhomme qui a*
*soy mesmes faict dommage.*

Pour signifier lhomme qui a soymesmes faict
dommage ilz paignoient vne beste appellee ca-
ftor pource que estant chasse il arrache ses geni
toires & les laisse aux veneurs qui le suyuent.

*Cōment ilz denotoient le pere lequel contre son gre & uolunte laisse son heritage a ses enfans.*

Pour signifier le pere qui laisse son heritage a celluy de ses ēfans quil hait le plus ilz paignoiēt la Sigesse auec vng petit Sige apres elle pource q̃ a chascune foys q̃ la singesse porte elle faict deux petitz Singes desquelz elle ayme lun & hait lautre. Et porte tant celluy quelle ayme a la gorge quelle le tue & lautre luy demeure dōt elle est contrainctc de le nourrir.

# APOLLO.

*Comment ilz signifioient ung homme qui*
*cele & cache ses faultes & deffaulx.*

Quant ilz voulloient signifier lhomme celant
ses faultes ou deffaulx il paignoient aussi la sin-
gesse pource, quant elle faict de lurine elle la
cache.

lz

*Comment ilz signifioient ung homme qui a louyr bon & agu.*

Pour signifier vng homme clair ouyant pour-
ce que la cheure na seullement & respiration
par la gorge & par les nascaulx mais aussi par
les oreilles.

*Comment ilz signifioient ung homme mua*
*ble & qui ne perseuero pas en une sorte*
*& estat.*

Pour signifier lhôme instable inconstât & qui
ne perseuere point en vng estat mais est aucu‑
nessoys fort & hardy autressoys foible & paou
reux ilz paigoinêt la beste appellee hyene pour
ce quelle est vne foys masle lautre femelle.

*Comment ilz ſignifioient le ſuperieur*
*uaincu par linferieur.*

Pour ſignifier le ſuperieur vaincu par le mon
de & iferieur ilz paignoiēt deux peaulx lune de
hyene & lautre de pard pource q̃ ſi lon met ces
deux peaulx enſemble celle du part perd ſon
poil lautre non.

*Comment ilz fignifioiët lhomme uaincant*
*& furmontant fon ennemy.*

Voullás fignifier lhomme qui a vaincu fon en-
nemy ilz paignoient la hyene tourne au coufte
dextre & filz voulloiët fignifier quila efte vain
cu de fó énemy ilz la paignoiët tournée au cou
ste gauche pourcé que la hyene quant elle eft
chaffee & pourfuyuie fi elle retourne du coufte
droit elle tue celluy qui la chaffe & pourfuit
mais fi elle fe tourne devers le coufte gauche el
le eft prife & tuee.

Comment ilz ſignifioient ung homme le=
quel porte & ſoubſtient les ïcõueniẽs &
empeſchemens qui luy ſuruiennent ſans
ſeſtonner & auoir paour.

Ilz ſignifioient lhomme qui entre les grãs
difficultez empeſchemens & contraires demeu
re ſans paour iuſques ala fin & a la mort par la
peau de la hyene pourcẽ que ſi aucun ſe ceinct
de la peau de la hyene ou la met autour de luy
puis aille entre ſes ennemys ilz ne luy pourrõt
nuyre & paſſera entre eulx hardiment & ſans
crainɛte.

*Cōment ilz signifioient celluy qui preuiēt*
*& anticipe son enuemy.*

Pour signifier lhomme qui preuient ses en
nemys & qui se deliure deulx apeu de domma
ge ilz paignoient vng loup ayant le bout de la
cueue couppe pource que quāt le loup cognoit
que lō le veult chasser & poursuiure il sarrache
le poil & le bout de la cueue.

**Cõment ilz signifioient lhomme craignãt
les perilz qui luy font incongneuz.**

Voullans signifier vng homme craignant les
perilz qui luy font incongneuz & ne se peuuẽt
preueoir ilz paignoient vng loup & vne pierre
pource que le loup ne craint fer ne baston mais
seullement les pierres & si quelqun luy icte
vne pierre il le trouuera vray par par experien-
ce car si le loup est blesse dune pierre les vers
naissent & sengendrent en la playe.

# APOLLO.

Comment ilz signifioient ung homme
chastie par feu.

Pour signifier lhôme corrige par feu ilz pai-
gnoient vng lyon & des torches ou flambeaulx
pource que le lyon ne craint riens tant que les
torches & flambeaulx allumez & ny a riens qui
mieulx le dompte.

*Comment ilz signifioient ung hõme ayant*
*la fiebure & luy mesmes se guerissant.*

Quant ilz voulloient signifier vng hõme ma
lade de la fiebure & luy mesmes se guerissant ilz
paignoient le lyon mengeãt vng singe pource q̃
quant le lyon ala fiebure sil trouue vng singe il
le menge & guerit.

*Comment ilz fignifioiet ung homme cha=*
*ftie par les calamitez & dommages a luy*
*nagueres & dernierement furuenuz.*

Quant ilz voulloient efcripre vng hôme cha=
fte par les aduerfitez qui luy font dernierement
furuenues ilz paignoient vng toreau lye a vng
figuier fauuage pource que le toreau quant il
brait fil eft lye dune brache de figuier fauuage il
eft rendu doulx & paifible.

# ORVS.

*Cõment ilz signifioient lhomme de mua=*
*ble attrempance & incertaine.*

Pour signifier lhôme qui a latrempance mua
ble & non point ferme paignoient vng toreau
attache par le droi& genoil car si on lye le to-
reau par le genoil dextre ou la ioin&e du pied
il sera obeissant. Aussi le toreau est tousiours
prins pour attrempance pource quil ne se cou=
ple iarnais ala vache apres quelle a conceu.

# ORVS

*Comment ilz signifioent lhomme aqui les
cheures & brebis sont peries.*

Voulans signifier lhomme qui a perdu che-
ures & brebiz ilz paignoient ces bestes men-
geans vne herbe appellee Conize pource que
quant les brebiz ou les cheures mengent de cel
le herbe elles meurent esprises de soif.

Comment ilz fignifioient lhomme qui
menge.

Pour fignifier lhomme qui mège ilz paigmoiēt
lē Crocodile ayant la guelle ouuerte.

# APOLLO.

*Cōment ilz signifioient ung homme ra=*
*uissant paresseux & inutile.*

Quant ilz voulloient escripre vng homme ra
uissant & inutile ou paresseulx ilz paignoient
le Crocodile ayant sur la teste la plume dune ci
goigne car si le Crocodile est touche de la plu_
me de la cigoigne il ne se peult remuer.

*Comment ilz signifioient la femme qui nest acouchee que une foys.*

Quãt ilz voulloient signifier vne femme qui nest acouchee que vne foys ilz paignoiēt la ly-onne pource q̃lle ne porte sinon que vne seulle foys.

*Coment ilz paignoïent ung homme qui est*
*né laid er difforme.*

Quant ilz voulloïet signifier vng hôme laid
de nature & puis deuenu beau ilz paignoïent
vne ourse preigne pource que lourse faict pre-
muerement comme du sang caille & dur puis
elle le couue tant quil prent forme de membres
apres le leichant de la lägue luy dône perfectiö.

l

*Comment ilz paignoient ung homme fort*
*& constant preuoyant & cherchant ce*
*qui luy est utile & prouffitable.*

Pour denoter vng homme fort & constant &
qui sçeoit & quiert les choses qui lui sont vti-
les & prouffitables ilz paignoient vng elephant
auec son museau appelle  phoscide pource que
icelluy il sent & en prent & garde  ce quil peult
auoir.

Comment ilz paignoient ung Roy fuyant
follie & imprudence.

Quant ilz voulloient escripre vng Roy fuyát
la folie & imprudence ilz paignoient vng cerf
& vng mouton pource ǫ le cerf fuiſt inconti-
nent quil veoit le mouton.

# ORVS

*Comment ilz signifioient le Roy fuyant
les menteurs & bailleurs de bourdes.*

Pour signifier vng Roy fuyant les menteurs
& donneurs de bourdes ilz paignoiēt lelephāt
& le pourceau pource q̃ incōtinent q̃ lelephant
ōyt la voix du pourceau il senfuyt.

*Comment ilz signifioiēt lhōme legier a se
mouuoir maiz se mouuant inconsideremēt
& sans raison·*

Voullans signifier lhomme legier & hastif a se
mouuoir mais sans cause & inconsiderement il
paignoient vng cerf & vng serpent pource que
le cerf senfuyt quant il veoit le serpent.

Comment ilz signifioiët lhomme soigneux
de sa sepulture.

Pour signifier lhomme soigneux de sa sepultu
re ilz paignoient vng cerf enterrát ses dés pour
ce que le cerf quant les dens luy tumbent ilz
les enterre & ensepuelit.

*Comment ilz paignoient lhomme uiuant laage parfaict et acomply.*

Voullans fignifier lhôme qui a vefcu laage p̄faict & acōply ilz paignoiēt vne corneille mou rant pource que la corneille vit cent ans felō les Egyptiens & lan Egyptien cōtient quatre ans.

*Comment ilz signifioient lhomme qui cache*
*sa malice et mauuaistie.*

Pour signifier lhomme qui cele sa mauuai-
stie & se tient secret pour non estre congneu ilz
paignoient vng pard pource que le pard en ca-
chetes & daguet chasse aux aultres bestes & ne
leur monstre pas sa legerete quant il les pour -
suit.

# APOLLO.

*Comment ilz signifioient ung homme*
*deceu par flaterie.*

Quant ilz signifioient lhomme deceu par fla-
terie ilz paignoient vng cerf & vng menestrier
ou ioueur dinstrument de musicque car le cerf
prent plaisir ala doulceur du chant tellemēt quil
soublie & se laisse prendre rauy de lharmonie.

# ORVS.

*Comment ilz signifioient la congnoissan-*
*ce de la bonne uinee future.*

Pour fignifier la congnoissance de la bonne
annee de vī future ilz paignoiĕt la huppe, pour
ce que fi la huppe chāte auāt q̃ les vignes bour-
ionnent ceſt fignifiance de habõdance de vin.

# APOLLO.

*Comment ilz signifioient ung hõme aqui les raisins ont faict nuysance.*

Voullãs signifier vng homme qui sest trouue mal pour auoir menge du raisin & qui sen gue rit luy mesmes ilz paignoiét vne huppe, & vne herbe appellee Adiantus ou capillus veneris pource que la huppe si elle a trop menge de raisins tant quelle en soit greuee elle prent en son bec de ladicte herbe en est guerie.

# ORVS.

*Comment ilz signifioiët celluy qui se gar*
*de des aguetz & trahisons de ses ënemys*

Pour signifier vng homme qui se garde des
aguetz & surprise de ses ennemis ilz paignoiët
vne grue pource que les grues se gardët en veil
lant la nuict par ordre chascune en son tour &
par raenem

# APOLLO.

*Comment ilz signifioient Sodomie ou peche contre nature.*

Voullans signifier Sodomie ilz paignoient deux perdriz masles pource que quant ilz ont perdu leurs femelles ilz se couplent ensemble.

Comment ilz signifioient ung uiel homme
mourant de fain.

Pour escripre vng homme viel mourant de
fain ilz paignoient vng aigle ayant le bec cour-
be pource que quant laigle viellit le bec luy de
uient fort courbe & crochu tellement quelle
ne peult menger & meurt de fain.

# APOLLO.

Comment ilz significient lhomme sans re
poz continuellement ireux & esmeu.

Voullans escripre lhomme estant en cõtinuel
le ire & mouuent tellement que mesmes durãt
son menger il na point de repoz ilz paignoient
la corneille auec ses petitz pourceq̃ la corneille
paist ses petitz en vollant.

# ORVS

*Comment ilz signifioient lhõme cognoif-*
*fant les chofes haultes & celeftes.*

Pour fignifier lhomme congnoiffant les cho
fes celeftes ilz paignoient vne grue vollât pour
ce que la grue volle fort hault acelle fin deveoir
le nues pour non eftre furprinfe de vent & tem
peft - & qlle puiffevoller feuremét & en repoz.

*Cõment ilz signifioient lhõme qui par*
*pouurete et faulte de biẽ separe de luy*
*ses enfans et les delaisse.*

Pour escripre vng homme qui par necessite &
faulte de biens delaisse ses ꝓpres ẽfans ilz pai-
gnoient vng faulcon ayant les oeufz pource q̃
le faulcõ ou sacre põd troys oeufz desq̃lz il es-
lit vng & le garde & coue & nourrit les aultres
deux ilz rompt & casse & le faict pource q̃ en

Comment ilz signifiolēt ung homme tar-
dif a mouuoir les piedz.

Voullans signifier vng homme pesant & tar-
dif a mouuoir les piedz paignoient vng cha-
meau pource que le chameau seul entre toutes
les bestes en allant ploye & courbe la cuysse
dont il est appelle Cammerus.

Comment ilz signifioiët lhomme sans hôte
& qui a la ueue ague.

Pour signifier homme exhonte & qui a la veue
ague ilz paignoient vne grenoille pource que
la grenoille na sang sinon aux yeulx & on dict q̃
ceulx qui ont du sang aux yeulx sont exhôtez &
sãs vergõgne p quoy dict le poete homere char
ge de vin yeulx de chien & cueur de cerf.

m ij

*Comment ilz signifioiët lhomme qui ne se
peult mouuoir.*

Quant ilz voulloiët signifier vng homme qui
est long temps sans se pouoir bouger ny mou-
uoir & puis recouurant le mouuement de ses
piedz ilz paignoiët vne grenoille ayāt les piedz
de derriere pource que la grenoille naist sans
piedz puis ceulx de derriere luy viennent &
croissent.

*Comment ilz signifioient ung homme a tous ennemys.*

Voullans signifier vng homme qui est enne-
my & separe de tous ilz paignoient vne anguil
le pource quelle ne hante & ne se trouue auec
les autres poissons.

# ORVS

*Comment ilz signifioient ung homme qui en sauue beaucoup dautres en la mer.*

Quant ilz voulloient signifier vng hõme qui en sauue beaucoup dautres en la mer ilz paignoiét vng poisson appelle en latin torpedo en grec & en frãcoys turpille pource q̃ quãt il veoit les autres poissons las & quilz ne peuuent plus nager il va a eulx & leur aide.

*Comment ilz signifioient lhomme qui a*
*mauuaisement consume tout ce quil auoit*
*utile & inutile.*

Pour signifier lhomme qui a consume toutes
ses choses vtiles & inutiles follement & mau-
uaisemét ilz paignoiét vng poisson appelle po
lypus des latins & des francoys poulpre pource
que apres quil a beaucoup & desordonnement
menge il meæt la reste de sa viande en troux &

## Cõment ilz signifioient lhomme ayant sei gneurie sur ceulx de sa nation.

Pour signifier lhomme seigneuriant sur sa na-
tion ilz paignoient vne langoust de mer &  vng
poulpre pource q̃ les lagoustes dominẽt & sur-
montent les poulpres & sont les plus fors.

# APOLLO.

Comment ilz signifioient lhomme ioinct a la femme.

Voullans signifier lhomme ioinct a la femme en la premiere ieunesse ilz paignoient des coquilles de mer ouces ou plaines de petites coquilles pource que bien peu de temps apres que les petites coquilles sont formees dedens les grandes elles parient ensemble & engendrent dautres.

*Comment ilz signifioient ung homme qui ne pense point de soy mesmes.*

Pour signifier le pere ou celluy q̃ na cure & ne pése de luy mesmes &pour leq̃l ses amys & ꝓ chains pensent & ont soucy ilz paignoient vne huystre &vng escreuice de mer pource que lescreuice marin sattache a la chair de lhuystre par quoy il est appelle pinophilax cest adire garde de lhuystre par cõsequéce de son nõ ou pour ce q̃ lhuystre entrebaille & se ouure quãt elle a fain si cependant quelq̃ petit poisson y entre lescreuice la mort de son pied forche lors lhuystre admonstee de ce signe se clost & ferme aĩsi elle chasse aux petitz poissons & se nourrit.

# APOLLO.

*Comment ilz signifioient lhomme gour=*
*mant & goullu·*

Quant ilz voulloiēt signifier vng hóme gour
mant ilz paignoiēt vng poisson appelle Scarus
en latin pource que ce poisson seul de tous les
autres reune comme les beufz & moutons &
deuore tous les petitz poissons ql peut prēdre.

# ORVS

*Comment ilz signifioent lhomme qni uo=*
*mit la uiande quil a menge.*

Quant ilz voulloiét fignifier vng homme qui
vomit ce quil a mége puis retourne a defmefu-
rement menger ilz paignoiét vng chat deau ou
de riuiere pource que le chat de leau faict &
rend fes petitz chattons par la gorge puis en na
geant les engloutift & deuore.

# APOLLO,

*Comment ilz signifioient lhomme qui a eu affaire auec estrangiers & autres que de sa nation.*

Pour denoter lhomme qui se mesle & ioinct a estrangiers ilz paignoient la lamproye pource que la lemproye sort de la mer & sen va parier auec les coleuures puis sen reua en la leau.

*Comment ilz signifioient ung homme pu=
ny pour meurtre par luy commis.*

Pour signifier lhomme qui est puny pour le
meurtre quil a commis & dicelluy se repentant
ilz paignoient vne tourtre prist au lacet pour-
ce que quant elle se sent prise elle iecte & oste
lespine quelle a en la cueue.

# APOLLO.

Cõment ilz ſignifioient celluy qui prodigal=
lement & deſordonnement deſpend le bien
daultruy.

Voullans ſignifier celuy qui temerairement
& ſans propoz depend & degaſte le bien dau-
truy & apres conſume le ſien propre ilz pai-
gnoient le poulpre pource que ſil a quelque
foys faulte de viande il mége ſes propres piedz
ceſt adire les longs filletz quil a.

*Comment ilz signifioient lhomme appetãt*
*& desirant les belles choses.*

Quant ilz voulloiĕt signifier vng homme qui
appete choses belles & pour ceste cause choit
en dommage ilz paignoient vng poisson ap-
pelle Seche pource que la Seche quant elle co-
gnoit quelle est chassee & quon la veult pren-
dre elle iecte hors celle humeur noyre quelle a
dedans son ventre & trouble leau tant que lon
ne la peut veoir & ainsi eschappe.

*Comment ilz signifioi ent lhomme*
*luxurieux.*

Pour signifier lhõme luxurieux ilz paignoiĕt
vng passereau pource que le passereau esmeu
de cholere immoderee & de habundãce de se-
mence naturelle il parie sept foys chascune heu
re.

n

# ORVS.

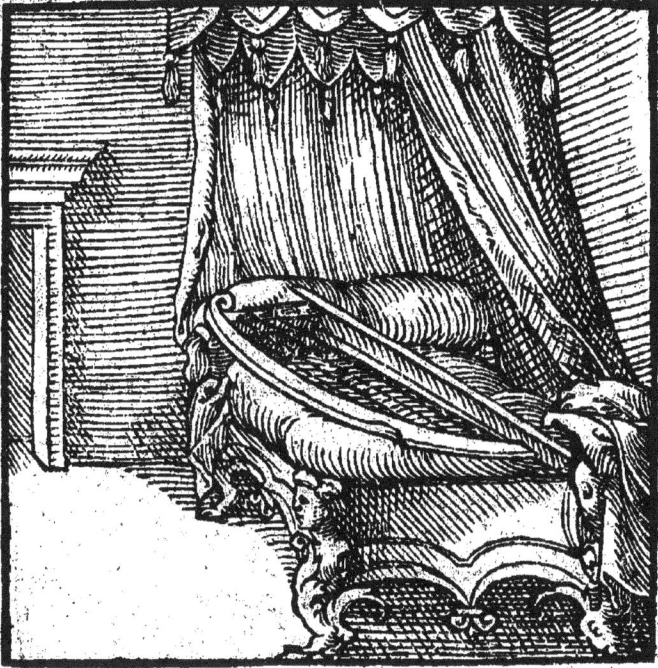

Cõment ilz fignifioient celluy qui uit touf=
iours en ung mefme eftat & en une mefme
maniere.

Pour fignifier lhomme qui garde toufiours
vng mefme eftat forme & facõ de viure ilz pai-
gnoient vne harpe ou inftrument de muficque
faict de cordes pource quil retient toufiours le
mefme fon quil a prins du commencement.

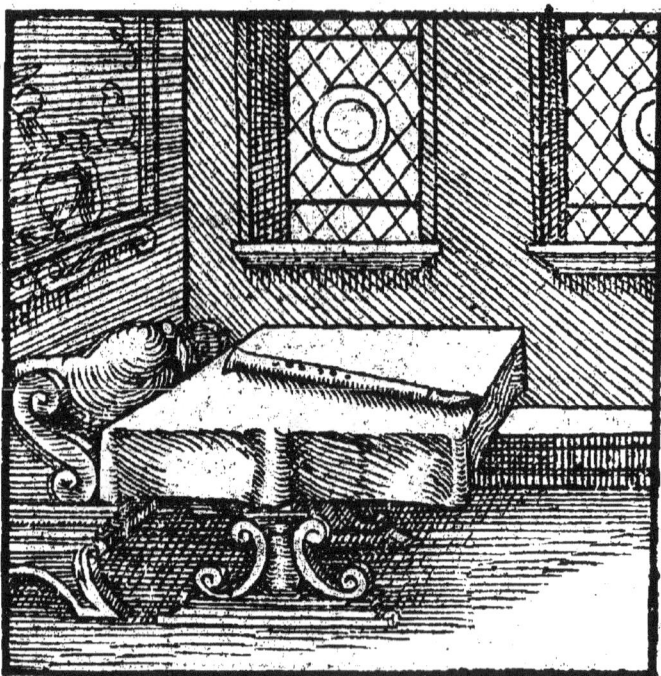

*Comment ilz signifioient lhomme qui aura este trouble & aliene de son sens puis uient a le recouurer.*

Quãt ilz voulloient signifier celluy qui a este trouble en son sens & entendemẽt & apres lau ra recouuert & aura mis ordre en sa maniere de viure ilz paignoiẽt vne fleuste pource q̃ la fleu ste cõuertit lhõme & luy reduict a memoire ce quil a faict inconsideremẽt & rend vng son fort bien compose & ordonne.

Comment ilz *signifioient lhomme qni* rẽd
& *distribue a chascun egallement ce* qui
*luy appartient.*

Voullans signifier lhomme qui egallement &
iustemẽt distribue a chascũ son droict & ce qui
luy appartient ilz paignoient la plume dune au
struce pource que ceste beste a de tous coustez
les plumes egalles & pareilles.

# APOLLO.

*Comment ilz signifioient lhomme qui uo=*
*luntiers edifie & bastit.*

Pour signifier lhomme qui voluntiers & libe
rallement bastit & edifie ilz paignoient la main
pource que la main faict & acomplit tous basti
mens & edifices.

n iij

Fin de Orus Apollo.

Que signifie la petite aiglete ou le poulet
de laigle.

Le poulet de laigle signifie celuy qui engēdre
des mafles ou le cercle ou la femence de lhõme.

Comment ilz fignifioiët la porte ou
louuerture de la guerre.


Pour efcripre la porte de la bouche de la guer
re ilz paignoient les deulx mains de lhomme lu
ne tenant vnes armeures lautre vng arc.

*Comment ilz signifioïet la vie future ou*
*le salut a venir.*

Pour signifier la vie future ou le salut a venir
ilz figuroïet deux lignes vne en trauers sur vne
autre perpendiculaire en forme de croix & de
cela ne donnoient autre raison fors que cestoit
vne signification de diuin mystere.

Comment ilz signifioient les deux princi=
pales uertuz dun Roy.

Pour signifier les deux principales vertuz du
Roy ilz paignoient vng sceptre & vng oeil au-
dessus signifians par le sceptre noble & humai-
ne domination & par loeil que le prince doibt
estre regardant & pouruoiant a son peuple.

## Comment ilz signifioient
le Roy.

Pour signifier le Roy ilz paignoiét vne mou
che a miel pource que laueille ou mouche a mi
el a le doulx & lamer cest adire le miel & leguil
lon ainsi vng Roy doibt estre doulx & bening
enuers les bons Et vser de leguillon cest adire
vser de iustice enuers les mauuaiz.

**Cōmet ilz signifioient la mort
ou la fin de lhomme.**

Pour signifier la fin de lhomme ilz paignoiĕt
vne fusee de fil et le bout du fillet rompu com-
me sil estoit separe de la quenoille pource ƀ les
poetes faignent que les deesses fatales fillent
la vie de lhomme cestassauoir Clotho tenant la
quenoille Lachesis qui signifie sort ou aduentu-
re car nostre vie est vne aduenture laquelle fille
& A tropos interpretee inconuertible ou qui
ne se peult flechir laquelle rompt le fillet.

## Comment ilz fignifioient
la uie.

Pour fignifier la vie ilz paignoient vne lápe
ardente pource que pendant que la lampe eft al
lumee elle efclaire mais fi elle eft eftainĉte on eft
en tenebres ainfi quãr lame eft partie de noftre
corps nous nauons plus de veue ne de lumiere.

*Comment ilz signifioient labeur.*

Pour signifier labeur ilz paignoient vne teste de beuf denue de chair la teste de beuf pource que auec les beufz ont faict tout labourage & denuee de chair pource que gens de labeur & qui souuent trauaillent sont communement maigres.

*Comment ilz signifioient*
*Dieu.*

Pour signifier dieu ilz paignoient vng oeil pource que ainsi que loeil veoit & regarde ce qui est audeuant de luy dieu veoit considere & congnoit toutes choses.

Cōmēt ilz signifioient les dieulx infernaulx
quilz appelloient manes.

Pour signifier les dieux infernaulx quilz ap-
pelloient manes ilz paignoient vng visaige sans
yeulx & audessus deulx yeulx pource q̃ par les
yeulx ilz signifioient les dieux cōme dict est &
par le visaige sans yeulx ceulx qui sont en lieu
bas & tenebreux.

Fin des hieroglyphyques adioustez.

Imprime a paris pour Iaques Keruer libraire Iure
en luniuerfite de Paris & fut acheue de imprimer
le xxiij.Iour de Nouembre Mil cinq cens.xliij.

www.ingramcontent.com/pod-product-compliance
Lightning Source LLC
Chambersburg PA
CBHW072221270326
41930CB00010B/1942